La Princesse au petit pois

Texte adapté par Natacha Godeau

AUZOU

Il était une fois un prince, aux frontières des royaumes du Nord. Il habitait un superbe palais en compagnie de ses parents, le roi et la reine du Pays Blanc. Or, les souverains prenant de l'âge, ils estimèrent le moment venu de laisser le trône à leur fils. Pourtant, le prince ne se sentait pas prêt à être couronné.

« Je ne peux régner sans une épouse à mes côtés, dit-il à ses parents. Mais je tiens à me marier avec une vraie princesse ! »

Il sella alors le plus beau cheval de l'écurie et partit de par le monde à la recherche de la jeune fille de ses rêves. Il parcourut bien des kilomètres, visita bien des contrées et rencontra bien des princesses.

Hélas, pas une d'entre elles ne lui sembla à la fois assez douce, délicate, intelligente et parfaite. Et le prince rentra chez lui comme il en était parti, sans personne à chérir pour le meilleur et pour le pire.

« Père, Mère, annonça-t-il d'un air désolé. Je crains qu'aucune vraie princesse n'existe sur cette Terre ! » Il en éprouvait une telle contrariété que sa mère se promit de tout faire pour l'aider.

Ainsi, un soir que l'orage tonnait fort, que la pluie tombait à verse et que le vent soufflait en rafales, on frappa à la grande porte.

Intrigué, le roi alla ouvrir en personne. Quelle ne fut sa stupéfaction, en se trouvant face à une jeune fille trempée jusqu'aux os, l'eau glacée ruisselant de sa longue chevelure, ses pieds pataugeant dans ses souliers maculés de boue !
« Que faites-vous dehors par un temps pareil ?
– Mon carrosse a versé dans le fossé, expliqua la jeune fille. Les chevaux de l'attelage se sont enfuis. Le cocher et le laquais sont partis à leur recherche. Je viens vous demander asile pour la nuit. »

« Un carrosse ? s'étonna le roi. Seriez-vous princesse ?
– Une véritable princesse, Votre Majesté ! »
Le souverain lui offrit donc le gîte et le couvert.
Tandis qu'elle dînait, le prince ne put s'empêcher
d'admirer sa beauté et ses manières distinguées.

Mais la reine ne voyait que l'aspect négligé de sa tenue.
« Une vraie princesse ? pensa-t-elle, méfiante.
Et bien, c'est ce que nous allons voir ! »

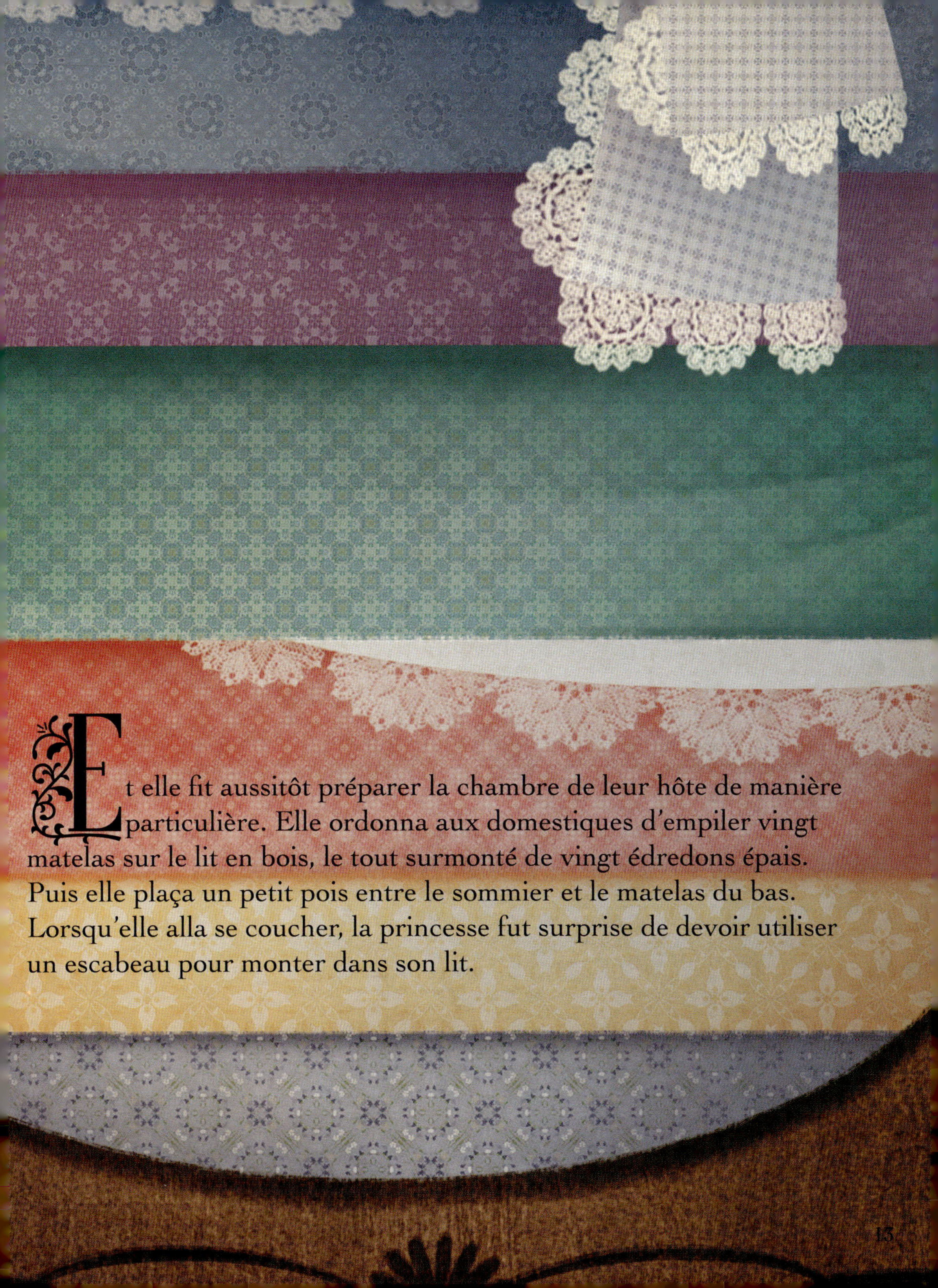

Et elle fit aussitôt préparer la chambre de leur hôte de manière particulière. Elle ordonna aux domestiques d'empiler vingt matelas sur le lit en bois, le tout surmonté de vingt édredons épais. Puis elle plaça un petit pois entre le sommier et le matelas du bas. Lorsqu'elle alla se coucher, la princesse fut surprise de devoir utiliser un escabeau pour monter dans son lit.

Mais elle pensa que les coutumes de ce royaume étaient sans doute différentes des siennes, et elle s'allongea sur l'édredon du sommet.
« Nous saurons à l'aube s'il s'agit d'une vraie princesse », confia alors la reine à son fils.
Et ce dernier gagna sa chambre en priant tout bas que son vœu se réalise enfin. Car au cours du repas, il était tombé très amoureux de leur jolie invitée…

Le lendemain matin, la princesse descendit à la salle à manger, l'air fatigué.
Le roi s'inquiéta de savoir si elle avait bien dormi.
Elle soupira :
« Hélas non, Votre Altesse. Tenez, regardez mon épaule ! »
Elle lui montra un gros bleu douloureux et ajouta :
« Il y avait quelque chose de dur, sous les matelas. J'ai mal partout ! J'ai eu beau me tourner et me retourner dans mon lit, je n'ai pas pu fermer l'œil de la nuit.

– C'est une vraie princesse ! s'exclama aussitôt la reine. J'ai placé un minuscule pois sous la pile de matelas, et elle l'a senti. Seule une princesse peut être aussi délicate !
– Et aussi douce, intelligente et parfaite ! » renchérit le prince, fou de bonheur.
Par chance, la princesse n'était pas insensible au charme du jeune homme…